JN438254

바람을 필사하다

시와문화 시집 67

바람을 필사하다

이성환 시집

시와문화

■시인의 말

바람은 어디서 시작되었을까.

바람의 흔적을 따라
잠행 중이다.

나와 인연을 맺었던 사람
나와 인연을 맺고 있는 사람
나와 인연을 맺을 사람에게
바람의 목마름 전한다.

2023년 1월 이성환

|차 례|

2부 : 아버지의 정원

3부 : 나비야 청산 가자

4부 : 오후 4시

5부 : 세한도를 읽다

1부
겨울 수묵화

붕어빵

빵 속의 붕어는 어디로 간 걸까

황금빛으로 농익어
노릇노릇 헤엄치는데

입술에 닿는 순간
내 마음을 그대에게 보내고 싶어

사랑은 쉽게 이루어지지 않는 법이지

너에게 가는 시간은 바다의 깊이
나에게 오는 시간은 바다의 시간

시간의 깊이만큼
입술에 닿은 달콤함으로
황금빛 향기 입안에서 터지는 밤
한겨울의 추위쯤은 스르르 녹여버리는

별밤의 톡톡 데이트

빈방

겨우내 틀어박혀
곡기를 잊으니
방 안이 온통 냉골이다

손에 전해지는 차가움 잊으려
입으로 불어내는 입김

알량한 자존심으로
긴 겨울을 버텨야 하는
시련의 계절

창문 틈으로 들어온
칼바람이
방 안에 안부 전하고
떠나간다

홍매화

툭,
던져 놓고

아득한 먼 곳에서
위태로운 모습으로
하늘하늘 나뭇가지에 자리 잡고
자존심만 세우다가

속마음 감추지 못하고
매화 가지에 내려앉아

미끄러져
지문 닳아도
안간힘으로 버티는데

눈물 한 방울 톡

피어나는
홍매화

겨울 텃밭에서

1.
소한 대한 지나
겨울인가 싶은데
입춘

요즘 세상 차고 넘치는 것들
장롱 속 처박혀 십수 년

손끝에 잡히는
내 인생의 스타카토

2.
젊은 것 꼬락서니가 뭐냐 주름살처럼 이리저리 접힌 지폐 꼴마리춤*에서 몇 장 꺼내 엄니가 사주었던 깃 넓은 양장 한 벌 등 떠밀려 입어본 후 처박아 두었던 초록색 양장 한 벌

비키니 옷장에 찬장 하나로 허겁지겁 시작한 신혼 남편 졸라 얻어 입었던 스무 살 적 눈물 뚝뚝 박힌 눈물받이 물방울 원피스

가을걷이 후 불쑥 올라온 시아버지 성화에 못 이겨 따라간 백화점 시어머니도 모르게 사준 붉은색 트렌치코트 기억 사라져 며느린지 딸인지 구별 못 하지만 그 옷 입고 나서면 인자하게 웃어주던 당신

3.
앙상한 나뭇가지
바람만 맴도는 허공
쉴 곳을 찾아 헤매는 퀭한 눈
어른거리는 생채기의 차가움
날 선 마파람으로
벼르고 별러서 찾아온 텃밭

얼다 녹기를 몇 번 반복하였던가
축 늘어져 일어설 기미가 없는
기운이 다해 주저앉은 대파

언 땅을 버팀목 삼아
찬바람을 이겨내고 있었구나
용케도 살아있었구나

손을 모아 바람을 막아준다

손길을 주지 않아 거죽만 남은 몸으로
괜찮다고
정말 괜찮다고
손사래를 치는 엄니처럼

등 뒤에 있던 햇살
내 손을 꼭 쥐어 주네
나를 꼭 안아 주네

*꼴마리춤 : 허리춤의 방언

무등산

벼르고 벼르던 터라
등산화 끈 동여매니 무등산이 동행하잔다

“허허 요 녀석 제법인걸”

이리저리 눈길 보내는 청설모의 바쁜 비행
계곡물에 반사된 도토리
생면부지의 초면이지만
오랜만에 동행하는 아내의 손
할 말 많은 모녀의 미주알고주알 다 받아 준다

바라만 봐도 좋을 젊은 연인들의 미소엔
한쪽 눈 찡긋
오솔길 사이로 난 들꽃을 간지럽힌다

두문불출하던 친구
넓은 품으로 안아주고 있는데
식전 댓바람 떠오르는 해
속상한 마음 덥혀주고 있다

무등산에서는
누구나 한번은 다정한 이웃이 된다

일터에서 상사 눈치 보느라
쉬지 않고 일하느라
어깨 축 처진 가장
잘했다 잘했다 다독여 준다

걱정은 내일 하자고
토닥토닥 남녘의 밤 감싸는 무등산
산그늘로 내려온다

입석대

물기 빠진 붓질이 뻑뻑하고 거칠다

쓱쓱 그려내는
화가의 손길이 메마르고
을씨년스런 바람 소리만 그려지는
잿빛 오후

강마른 겨울나무에 맺힌 상고대

표정도 없고
핏기도 없이

아,
텅 빈 하늘

바람의 아들로
수천 년
이 악물고 버티다

바람을 필사하다

산새가 먹이를 찾으러 떠나버린 걸까

헐벗은 나뭇가지에 앉아 있는 눈
바람 앞에 등불이다
파르르 파르르
아슬아슬 앉은 눈, 털어내고
시치미를 떼는 나뭇가지

무엇이라도 쏟아 낼 듯
하늘을 덮은 검은 구름
바람은 꾸역꾸역 밀어낸다

목탁 소리,
온 산에 가득하다

눈동자

겨울 초입
첫눈이 내린다

속절없이 내리는 눈
남의 일처럼 바라보는데
네가 자꾸 밟힌다

목울대로 네가 걸려 넘어가질 않는다

내가 이렇게 힘든데
너는 얼마나 힘들까

초점을 잃은 눈들이 난무하고 있다

너 떠난 자리
눈이 내려 쌓이고,
또, 쌓이고

판도라의 상자

원근법으로 가늠이 되지 않는 무등산정의 눈
눈이 펑펑 쏟아진다

살려고 이리저리 뛰어다니는 눈들이
내 삶의 언저리쯤과 닮았다

마음속 깊이 꾹꾹 눌러 놓았던
펼치기 싫은 그때

봄꽃이 피기에는 이른데
입춘방을 붙인단다

악으로 깡으로 버티며
맞이했던 그 봄

이젠 열어봐야 하나

2부
아버지의 정원

봄밤을 걷다

겨울 끄트머리에
흰 눈이 내립니다

마을 어귀 구석진 흙담
돌아가는 길에서
홍매화를 마주칩니다.

몇 해 전부터 이 골목을 돌고
또 돌았는데도
오늘에야 눈에 들어왔습니다

언제였던가
홍매화 붉게 필 이맘때였으리라

금단의 강을 건너간
당신

달빛 가득한 봄밤

지상으로부터

하늘
하늘
내려왔던

내 영혼의
붉은 서설

보리굴비

칠산 바다에서
건져 올린
씨알 굵은 조기

삼십 년 전에는
금테를 두른 듯 때깔도 곱고
툭 튀어 나올 듯 눈은 부리부리,
꼬리지느러미는 파도치는 바다
주름잡았다고 했다

망구望九의 어르신
식당 한구석에선
퀭하니 비쩍 마른
보리굴비 앞에 두고 있다.

유리창 너머로
흐릿하게 비추는

토요일
해거름 녘

동행

아버지 몸에 십수 년을 머물렀던 바이러스들
방안은 항상 퀘퀘하였다

아버지는
전쟁의 파편들이 다리로 파고들었다고 했다
평생을 악머구리처럼 따라붙어 떨어지지 않는다고 했다

우리 남매의 어린 날 기억 속에는
삭신이 꾹꾹 쑤신다는 아버지의 허벅지가 있다

번갈아 짓누르는 무게에도
떨어지지 않았던 고통은 늘 방안에서 서성였다

추운 겨울 아버지와 한방의 동행

모 싹 푸르게 올라올 무렵
삿자리를 걷어내었다
아버지와의 동행한 퀴퀴한 기억들이
한꺼번에 사라졌다

아버지의 냄새

잊지 않기 위해 적는다

광대뼈 도드라진 얼굴
홀쭉 들어간 양 볼엔 고통의 깊이
그래도 눈빛만은 살아있어
강단진 선비

내 몸 어딘가에 남은
당신의 언저리

점점 기억에서 멀어지는 시간의 깊이
나는 당신의 어디쯤에 머물러 있을까

방구들 등에 지고 누워 있다가도
학교에서 돌아오는 아들 기척에
건재함 보여주려고 벌떡 일어났던 아버지

잊을 수 없어서 적는다
그때 당신의 나이만큼

홍어

홍어가 빠지면 잔치가 아니라고 했다

아버지의 홍어는
제상에는 올리지 못하지만
잔치가 벌어지는 곳에는 어김없이 등장했다

그 후로도 오랫동안
홍어 먹는 법을 몰라
전라도 놈이 아니라는 소릴
스무 살까지 들어야 했던,

콧속은 콧속대로 매운 것이 쏴 올라오고
입 안은 입 안대로
혼을 쏙 빼놓았던 첫맛의 기억
아버지의 냄새가 났던 홍어

첫사랑의 맛이다
영락없는 아버지의 아들

초혼의 밤 1

당신만 보이지 않는 저녁

아무것도 먹지 않은 배에서는
어제처럼 꼬르륵거리고
어김없이 나타나는 요기尿氣

죽은 사람만 불쌍하다는
이승의 말이 생각나
피식 허탈한 웃음이 났습니다

산 사람은 어떻게든 살아간다고 합니다

김치찌개 하나 끓여 놓고 빙 둘러앉았는데
목울대에 걸려버린 울음 대신
식도를 타고 죽 내려가는
나의 식욕

산 사람은 어떻게든 살아간다고 하는 이곳은
이승이랍니다

초혼의 밤 2

좋은 사람이었나 봅니다

새로운 안식처는 양지바른 곳
시원하게 앞이 툭 터져 훤한
좌청룡 우백호도 부럽잖은

벌써 이웃이 생겼나 봅니다

아침부터 지저귀는 참새도 참새려니와
이름도 모를 나무들
잔디와 들꽃, 어느새 자리를 잡았습니다

고추잠자리까지 날아와
빙글빙글 돕니다

마음이 놓입니다

당신은
좋은 사람이었나 봅니다

꽃잎 조상弔喪

Ⅰ. 떠나다

당신에게 맡긴 나를
이제는 스스로 맡아야 할 순간

지상엔 추억만 남기고
흔적 없는 강물로 하나가 되어
당신이 떠나다

Ⅱ. 보내다

있는 듯 없는 듯
봄을 꾸며주던 너는 떠난다
영원히 존재하지 않는 것은 자연의 순리

이별을 알리는 세찬 비에
바르르 몸살 앓더니
한 잎 한 잎

보이는 것이 다는 아니라지만

그리움만 남겨둔 채

무참히 무너지는
속세의 이별

Ⅲ. 기약하다

눈 뜨면 보이고
손 뻗으면 만나던 우리

떠나며 남겨놓은 그대의 분신
알알에 위로받지만

내가 다시 태어나든지
당신이 다시 돌아오든지

때깔 고울 봄
둘만이 약속한 은은한 그리움으로
햇살 바람 데리고
너울거리자

아버지의 정원

꽃은
가장 아름다울 때
가장 뜨겁습니다

떨어질 줄 알면서도
절정으로만 달려갑니다

화무십일홍

손을 델 수 없을 만큼
뜨거울 때
피어나는
당신이라는 꽃

정원에서
가장 차갑게 시들어 버린

뜨겁고 아름다운
정원입니다

3부
나비야 청산 가자

나비의 꿈

서녘 햇살 길게 뻗치는
담장 위 넝쿨장미 향기 맡으며
퍼드득거리던
날갯짓

점
점

탈피되어
말려 들어가는

나비의 꿈

날아가는 기억

문장이 부서지더니
단어가 부서지더니
글자 하나하나
부스러기가 되어 날아가네

깡통만 남은 뇌

자음 모음 하나하나씩 떨어져
부스러지더니
눈앞에 어른거리는 자식들

이름이 조각조각
부서지더니
통조림 안을 벗어나지 못하는

조각,
조각들

그냥 웃지요

"오늘이 며칠인지 아세요?"

웃지요

"요즘이 무슨 계절인 줄은 아세요?"

그저 웃지요

세상만사

아들로 자식으로 켜켜이 쌓인 무게
아버지로 가장으로 지새운 번민의 나날

이제는 쉬어도 좋다는
신의 허락쯤으로 여기도록 해요

모든 것을 다 잊고서야
비로소 완성되는
무욕의 삶

이름까지 반납한 채
허공을 바라보며

잠시 머문 흔적마저 지우고 나니
완벽한

비상

요양병원

도대체 모르겠다

어버이날도 아직은 많이 남아 있고
생일은 더더욱 먼데
아이들이 모였다

식탁에 모여 수군거린다

다 들린다고 바로 대답하고 싶지만
입안에서만 맴도는 말

이게 무슨 말인지

요 - 양 - 병 - 원

일자로만 침대에 누워 있어야 하는

요-양-병-원

자식들이 모인다는 소식,

모두 반가운 것은 아니다

언젠가는

눈이 떠진다
어제 감았던 눈이 오늘도 떠지니
오늘 하루도 남은 날인가 보다

눈앞 모든 것이 분주하다

앞에 놓여진 텔레비전 속에서
가수는 입 모양을 분주히 놀리고
창가에 놓인 팬지는
끊임없이 물을 빨아올려
붉은 꽃잎을 열어제친다

평생 옆을 떠나지 못하는 꽃각시는
꼬부랑 할매가 되어서도
참새처럼 재잘거리는데

고맙기는 하지만
마땅한 단어가 떠오르지 않아
미안한 오늘

언젠가는 한꺼번에 모아놓고 말할게요
절대 잊지 않고
고맙다고

인생 총량의 법칙

행복한 일들만 있었나 봅니다

뒤돌아보면
맑은 하늘 바라보는 날이 많았고
봄여름가을겨울
철 따라 달라지는 멋진 경치가 좋았습니다

전쟁 만나
널브러진 주검도 만났지만
향기 나는 사람들과의 추억도 많았기에
오늘을 받아들입니다

인생도 총량입니다

지난 시절이 행복했기에
지금의 고통을 받아들이려는데
내가 느껴야 하는 고통을
주변에서 대신 받는 것 같아 미안합니다

이 순간이 지나고 나면

이승 아니면 저승에서
다시 다가올 당신의 행복을 위해

이승 아니면 저승에서
저도 그냥 견디렵니다

레테의 강

기쁨과 사랑의 기억
슬픔과 괴로움의 기억이
세상에 존재한다고 합니다만

눈에 보이는 모든 것은
뿌연 안개의 바다

어디에서 왔는지
어디로 가는지
끝 모를 바다

갈매기 한 마리 날지 않은 곳에서
꺼이꺼이 목을 놓습니다

생각할 여유도 망설임도 없이
돌아오지 못할 강을 건너 버린

망각의 강

아들에게서 내가 보이다

영사기 화면처럼
타다닥 넘어가는 의식의 흐름

끊길 것 같던 필름
타닥타닥
이어지는 듯
넘어가는,

큰아들 녀석을 보니
바로 내 어린 시절이네

나를 안고 들썩거리는
어깨 너머
그 어깨 너머 너머로
내 아버지가 보이고
내 아버지의 아버지가
보인다

내 앞의 사람

본 듯한데
어디서 보았을까

만난 듯한데
어디서 만났을까

항상 내 앞에 머무르는 당신

감싸고 씻기며
기어이 나를 놓지 않는
고마운 당신

종일 내 앞에서
종종거리며
새 부리처럼
쫑알거리지만

내 부리에
활력을 불어넣는 당신

그런데
오늘따라 유난히 흔들리는
팬지꽃

아마 팔십 년 전부터 시작되었을 거야

1.
햇볕 내리쬐는 창가
항상 같은 자리에서 생각을 합니다

하루가 다르게 비워지는 머릿속

아버지 모시고 살 때는
가끔 머리가 도화지처럼 비워졌으면
단 한 번만이라도 백지처럼 비워졌으면 했는데

2.
벽면에 영사기 필름이 쉬지 않고 돌아갑니다

찹쌀떡 팔아 학비 마련하려고
서울역 근처를 방황하던 앳된 고등학생

갓 결혼해 아들 낳고 입대한 군대에서
나의 등짝을 후려쳤던 한 달 선임

훤칠한 미소년으로 세상을 방황하다가
힘 빠져 선산 지킨다며 돌아와
선산은커녕 또 남 좋은 일만 하고
옥황상제 지킨다고 가버린 형이 보이고

노송정 아래에서 백로와 친구 되어
선생 아들 기다리던 아버님도 보이고

"왜 그러셨어요?"

둘째 며느리로 들어와 큰 며느리로 살았던 아내에게
"왜 그렇게 하셨어요? 어머니!"

초겨울 살얼음보다 더 얇은 월급으로 시집살이 견뎠는데
출세했다고 왕래 끊어버린 두 동생 학비 마련하느라 고생했고 이제는 내 수발을 드느라 고생하는 아내가 곤히 잠들어 있습니다 아내에게 미안하고 사랑한다고 말하고 싶은데 머릿속에서 단어들만 한 개씩 흩어져 날아다닙니다

엄부 밑에 효자 난다고

엄하기만 했던 아버지
태어나 이 세상에서 가장 잘했다고 자부하던 나의 별들

명색이 선생 자식들인데
쪼들리고 짜부라진 모습만 기억날 거야

뒤돌아보면 미안한 인생

잘 있으리라는 말은 해야 하는데
동심원만 그려지는 뇌

가슴으로는 외치는데
언어로 뱉어지지 못하는
순복 씨와 나의 별들

사랑해

3.
사십 년을 초등학생과 지내다 보니

속도 마음도 행동도 초등학생이었을 거야

지금은 이성보다 본능에 충실하고 싶어
노송정과 같은 천상으로 날아가고픈
나만의 전략은

아마 팔십 년 전부터 시작되었을 거야

아바타

"우리 어디서 본 적 있지 않아요?"

식탁에 놓여진
한 쌍의 수저와 젓가락
마주하며 지내 온 반백 년도 넘은 세월

잠꼬대마저 닮아
잠옷에 그려진 물방울 타고
용궁도 가고
하늘도 날던
당신, 나

지금도 우린 꿈속을 함께 하나요

가물가물
꿈이 현실 같고 현실이 꿈 같은

잠깐

"우리 어디서 본 적 있지 않아요?"

인지검사

딸내미가 인지검사를 받으러 가자는데 버럭 성질을 낼 수밖에 없었어 성질을 왜 냈는지는 알 수 없지만 어떻게 설명할 수도 없고 더더욱 인정할 수는 더욱 없어 그냥 눈물이 쏟아지려는 찰나 눈물보다는 성질이 먼저 나와버렸어 단 한번도 없었던 속도 위반에 주차 위반 고지서가 날아온 날이 많아져 운전면허를 반납하라는 눈치를 주는데 내가 왜 면허를 반납해 어디서 만났더라 이게 얼마 만이냐며 두 손을 꼭 움켜쥐는 늙수구레한 백발 신사에게 어색하지 않게 한번, 씩, 하고 웃어주었더니 십 년 전과 하나도 안 변했다며 다음에 또 보자고 해 아무 말 없이 고개만 끄덕거렸지 동네 귀퉁이에 자리 잡은 구멍가게 아줌마가 웃으면서 오늘도 오셨냐며 항상 가져가던 것 드리면 되지요라며 주섬주섬 쥐어 주고 다음에 계산하면 된다기에 그냥 가져왔다니까

봐 인지검사 안 받은 것이 다행이지

다시 태어나는

전혀 모르는 사람들인데
나를 보고 웃기도 합니다
웃는 얼굴에 침 뱉을 수 없어서
나도 웃어줍니다

성격이 바뀌었나 봅니다
내성적이라 다른 사람들에게 무뚝뚝하던 내가
이제 웃어주고 고개를 끄덕여 줍니다.
말하기 귀찮은 내 행동이지만
사람들은 나를 보고 마음씨 좋다고 합니다

오늘은 따라 그리기 수업 시간입니다
나, 원, 참,
초등학교 선생이었던 내게
이런 것을 하라니

찍찍찍 그려도
수준급이라고 자부하는데
역시 짝짝짝 손바닥이 마주쳐 칭찬합니다

재활센터에서
나는 다시 태어나는
꿈을 꿉니다

요양병원 1
-소풍

창밖에 병원차가 왔습니다
어제부터 까치가 울더니
역시 손님이 오긴 옵니다

법 없이도 살 듯한
백의의 천사는
검사하러 가자며 웃습니다

무슨 이유인지 모르지만,
아침부터 약간 설레기도 했습니다

팔십 년 전 소풍 날
어머니가 만들어준 것처럼
새 옷 입히고
하얀 쌀밥에 고깃국 한 그릇 먹고 나니
든든합니다

이제 차를 타고 소풍을 나서는데
자꾸 뒤돌아봐집니다

차창 밖으로 보이는 집과 식구들은

점
점
점

점이 됩니다

요양병원 2
-최고 잘했다는데 눈물이 납니다

"내가 왜 여기 있어요?"

마음씨 좋게 생긴 젊은 녀석은
결과가 나와야 집에 갈 수 있다고 합니다

선생님 말씀도 잘 듣고
밥도 잘 먹어야 한다는데
결과가 좋게 나온다는 말

예전에 내가 했던 말들을
저 사람들이 내게 하니 웃음이 났습니다

그때 그 녀석들도 나처럼 웃었겠지
제자들이 떠오르니 다시 웃음이 납니다

눈 감을 때까지 이어지는 검사
그림도 따라 그려보라고 하고
율동도 따라 하라 하고
노래도 따라 부르라 하는데

하!
나를 어떻게 보고
하 하
수준이 너무 낮아 대충 했는데도
하 하 하
최고 잘했답니다

그런데 눈물이 자꾸 납니다

요양병원 3
-걱정 말아요, 그대

가족이 왔다가
나만 놓고 갑니다

군대 면회를 왔을 때도
엄마는 나만 놓고 갔습니다

출입문을 사이에 두고
전화 수화기로만 말을 합니다
손도 잡고 싶고 얼굴도 비비고 싶어집니다

'아직 검사가 끝나지 않았나?'

가족들은 나만 떼어 놓고 집으로 돌아갔고
의사는 보내 줄 생각도 하지 않습니다

유리창 너머에 아내가 지켜보고 있습니다

여기서는 나를 총각 같다고 하는데
아내는 할머니가 되었네요

손짓하며 내보이는 입 모양은
분명 잘 지내라고 하는 것 같은데

'걱정 말아요'

잘 지내겠노라 마음 굳게 먹었으니
너무 걱정하지 말아요, 그대

나비야 청산 가자

찌이찌이찌이
장단이 빨라지는 동박새에게 부탁하려니
너무 시끄럽습니다

종다리는 하늘 높이 날아
정찰이 가능하지만
너무 고운 소리로 지저귀며 노는 바람에
부탁하기 미안합니다

호랑나비가 좋습니다

온 들을 찾아다니며
온 산을 찾아다니며
꿀을 빨아 먹는 달콤함이
나를 맡기는 이유입니다

우리 함께라면
청산도 외롭지 않겠지요

4부
오후 4시

나의 코스모스

대한大寒이가 얼어 죽었다는 소한에 얼어 죽으려고 환장을 했냐는 엄마 욕을 한 바가지 들으며 창문을 열어젖혔다. 노처녀 히스테리라고 박박 악을 쓰는 동생의 차가운 눈길을 카인의 눈초리로 가볍게 넘기며 달팽이의 방을 치운다.

작별 인사를 한다.
나의 보금자리며, 침대, 장롱 속에서 나를 반겨주던
작은 소행성들이여
안녕

수없이 반복하다 결정장애라는 말을 들었었지. 홈쇼핑 호스트의 달달한 말이 귀에 꽂혀 질러버린 영어 회화 CD. 주문한 순간부터 후회했지만 환불받지도 못한 채, 사라져가는 삼십 대의 꿈은 공기 빠진 풍선 인형이 되어 푸르르르 이리저리 흔들리다 주저앉아 버린 집착의 유물.

문간방이라 엄마 몰래 가져오기 편했던 수북한 소주병, 부푼 꿈으로 시작한 대학 새내기를 생각나게 하는 행정학개론. 돌이켜보면 오글거리고 유치하지만, 절친을 잃을까 말 한마디 못 한 채 간직한 짝사랑 연서들. 한두 벌이면 충분했는데 살 때마다 거울 못살게 했던 원피스와 투피스, 따라다니던 깔맞춤 양말.

참 많은 것들에 의지했었구나

늦게까지 비추는 햇살 바람 공기
나를 존재케 했던 모든 것에 감사하며

참 많은 것들에 의지했었구나

우주에서 유영하는 나의 소행성
안녕

나의 코스모스

할머니가 속상할까봐
-같이가치 1

겨울방학만 되면 외로움이 시작된다

무료 급식처럼 친구가 끊깁니다
어김없이 실패하는
외로움 다이어트

말벗인 할머니와
나란히 장판을 등에 업고
수현이는
빠르게 어른이 되어 갑니다

청력이 엷어져 가는
할머니의 특기
김치찌개

끓이고 데우고
또 끓이고 데우는

유리창엔 김이 서리고

반지하를 빨갛게 물들이는
김치찌개 샤워

정말 맛있어

할머니의 가슴엔
손녀딸이 좋아하는 김치찌개가
내일도
또 데워집니다

마음 아픈 김치전
–같이가치 2

순영이는 젊은 엄마

석 달 된 막내 챙기느라
아홉 살, 다섯 살 아이들에게는
낯짝 없다는
순영이

오늘도
묵은김치 툭툭 썰어
밀가루 반죽에 톡톡 던집니다

지글지글
익어가는 김치전

구슬비가
창을 때리는 오후

톡 톡 톡 토독 톡 톡

옥수수 식용유에
김치전이 부쳐집니다

자울자울
잠에 취한 채

오늘도
잘 먹어주는 아이들에게
미안해지는 오후입니다.

냉장고 파먹기 1

알랑한 돈 몇 푼 번다고 이리 치이고 저리 치이다 코로나에도 치여 방구석 제1열에서 미어캣처럼 눈만 크게 뜨고 두리번두리번. 재난지원금으로 온 나라 들썩일 때 죽어도 받을 수 없다며 자존심 세우지만 생각만큼 일이 풀리지 않아 구멍 숭숭 뚫린 나의 이력들.

그게 언제였더라
촌스럽게 싸준다고 투덜투덜
던져두었던

서른 넘어서도 손이 가는 딸내미 햇반은 몸에 안 좋다고 현미 넣어 행여나 바람들라 비닐랩으로 꽁꽁 싸맨 어머니표 냉동밥 비닐 랩 걷어내며 먹먹한 가슴 주먹으로 툭 툭. 혼기 놓친 딸 시집이나 가라며 서슬 퍼런 눈빛으로 쏘아대던 어머니의 냉동밥이 이렇게 따뜻할 줄이야

꾸역꾸역 목구멍에 밀어 넣는다
채워지지 않는 나의 헛헛한 심장

당신과 이어진

탯줄

생각났어

냉장고 파먹기 2

기약 없이 이어지는 작전명은 각자도생各自圖生입니다

제각기 살아나갈 방도를 꾀하라니 참 난감합니다. 따로 또 같이라는 말도 안 되는 말을 들으며 어떻게 살아야 할지 헷갈리는 전시상황을 방불케 하는 작전명을 하달받은 대원들은 바쁘게 움직입니다

생을 도모하다 만나는 냉장고
목숨줄입니다.
된장 고추장 김치 빼고
감자 몇 알, 꽁치 캔 2개, 김 몇 장이 전부
항상 비어 꿈을 채워주지 못하는 냉장고

"미안해"

주말까지 생존전략 청국장 2팩
온몸 성에 낀 황석어
조기는 냉장고에서 살이 빠지나보다
비쩍 마른 것이 안쓰럽다

비싸서 절대 사놓은 기억 없는 블루베리 한 팩은 변색 중

"냉동실이라 괜찮을 거야."
최면을 걸고
우유 넣고 갈아 먹을 생각으로
베리베리,

냉동실 문에 꾸역꾸역 쟁여 둔
고춧가루, 전분 가루, 볶은 깨, 멸치액젓, 매실액
냉장고는 사랑입니다

화장지 사재기
-코로나 19 시대

"어머, 벌써 구입하셨네요."
품격이 느껴지는 교수님

말을 끝내는 손길 뒤로
적재 요령, 가로세로
줄지어 쌓이는 화장지

텅 빈 진열대 TV에 비치고

일종의
"포모FOMO 증후군*이지요."
외국 교수의 진단
자막으로 깔리며

화장지 사재기는
인간의 기본 심리라는
언어의 마술,
전두엽이 마비된다

사람다움의 최소 기준이라
화장지에 집착하는 것
또 다른 전문가의 진단

진한 샤넬 향 풍기며
교수는
"두루마리 화장지 한 통만 더!"
우아하게
카트에 구겨 넣는다

*포모(FOMO) 증후군 : 자신만 흐름을 놓치고 있는 것 같은 심각한 두려움 또는 세상의 흐름을 놓치고 있는 것 같은 심각한 두려움, 또는 공포를 나타내는 일종의 고립 공포감.

나이테·달

술래잡기를 한다
태양의 그늘을 사이에 두고
쉼 없다

돌고 돌아 언제나 같은 자리
자전과 공전 사이
조금씩 엇갈려가는 초조

도대체 누구의 꼬임에 빠져
바다는 저렇게 들고 나는지

막을 수 없다는 것을 알면서도
앙 버텨 보지만
불가항력의 나날들

참
무안하다

이태백과 수작酬酌을 부리던 계수나무 속 토끼
벌건 눈망울로 초점을 잃은 채

개똥에 굴러도 이승이 낫다며
천년만년 발버둥치다 황천의 객이 되어버린
이 땅의 농투성이

달무리 지고 내내 내리던 비
비는 이내 한 줌 눈물로 바뀌고
새털구름을 보는 내내
불편했던 가슴 미어진다

울려고 내가 왔던가를 외쳐보지만
텅텅 비어만 가는 곳간만큼
늘어가는 한숨 소리

오후 4시

도로가 내다보이는 이 층 창가
턱 괴고 졸음 오는 실눈 뜨고
오가는 사람과 눈 맞추고 있다

유모차를 타고 미래로 가는 아이
함박웃음 짓는다

어느 우주에서 피었다가 여기에 찾아 드는 걸까
인사하는 민들레의 시간

흑백 건반으로 보폭을 맞춘
노부부의 일정한 거리
시야에 들어온 유모차의 느릿한 파노라마

햇살 좋은 지구의 오후
노랗게 줄지어 우주로 가는 길
유모차 그리고 저물어 가는 노부부

죽비

죽을힘을 쏟고 있다

세찬 바람 따라
왁자지껄 소리 사그라지고만

가을 산사에
탁 - 탁

죽비 맞으며
서산에 해 넘어간다

별것 없는 밥상

한 상 잘 차려진 밥상에
입만 가진 객식구들이 빙 둘렀다

가문의 영광이었던 변호사가 소개되더니
흰색 가운이 잘 어울리는 의사도 한자리 차지했다
여기저기서 깐죽대던 연예부 기자까지 모여
앵커와 죽을 잘 쑤고 있다

신문 쪼가리 가십gossip 난을 보고 왔는지
쓸데없는 말장난으로 히히덕거리다
이골이 났는지
어느새 농익은 정치 이야기로 옮겨 열을 낸다

흥부와 마누라 실겅실겅 박을 타듯
끌어주고 밀어주며 한 번씩 잊지 않고
눈을 찡긋하며 끝까지 가보자는 눈치다

하품으로 늘어지는 오후
치매와 죽음의 허리쯤에서
할머니는 골방에 누워 텔레비전과 대화 중이다

"요즘 핵교에서는 정치만 공부 시키는겨
저것들도 정치꾼 곧 되불것서야"

지껄이는 말에 대거리도 않고
제 말만 우겨대는 것이 얄미웠는지
할머니는 아무 말도 하지 않고 발로 톡 꺼버린다

실상사 풀꽃밭

온 세상이 잿빛인데
실상사 앞마당은
풀꽃 천지다

소외가 판을 치는 요즘 세상에서
오롯한 생명 대접받으며
햇살에 반짝이는 풀꽃들의 미소

태어날 때부터 멸시와 차별
스르르 녹아버린 조선의 노비처럼
생명 취급 못 받던
그대는 이름 없는 백성초

그러나
화주 도법 선사의 실상사 앞마당에선
봄 여름 가을
꽃들의 향연
눈치코치 보지도 않고
거들먹거린다

따가운 햇살에는
빳빳하게 고개 들었다가
세찬 바람 슬쩍 받아넘기는 여유

존재하는 것만으로 존중받는
평등의 우주

실상사의 풀꽃밭은
서방정토 극락이다

카드 결제

다이어트에 대해 조곤조곤 강조하던
의사 선생님은
손수 음식도 만드는 요리사가 되고
새로 개발한 운동으로 무장한 트레이너가 된다

따라서만 하면 비만에서 바로 탈출할 것 같은 순간
우연히 돌린 채널에서
바로 그 의사 선생은
비만 알약으로 홈쇼핑 쇼호스트와
입을 맞추고 있다

어린이날엔
완판을 찍었다는 축포와 함께
키 성장에 최고라는 비타민을 가득 쌓아 놓고
활짝 웃고 있던
낯익은 의사

이번 어버이날에도 어김없이
우슬 뿌리 달인 만병통치약으로
전국의 부모님 무르팍 걱정하는 효자가 되었다

안 먹으면 부모님 관절이 다 나갈 것 같아
은근슬쩍 카드 결제를 하고 있는데

능주역 오일시장에서
북 치고 장구 치며
이빨로 트럭 끌던
차력사 약장수가 떠올랐다

아, 키이우

비 오는 저녁
심야 고속버스를 탄 승객들은
꼼짝없이 허리를 붙들린
공동운명체
구공탄 같은 버스에서
불씨를 꺼뜨리지 않으려는 듯
스스로 불쏘시개가 된다

몇몇은 휴대전화 불빛으로 온도를 높이고
누군가는 코 풍선으로
또 누군가는 피곤함에 절은 코골이로
바람 세기를 조정하는데

무뚝뚝한 푸틴의 흑백사진 배경 뒤로
러시아 크림 대교 폭발 화염이 솟구치는
버스 안 TV 화면

키이우의 시민들이 튕겨 나간다

우크라이나 폭격 소식과

버스 공동체가 만들어낸 연탄불로
달달달 달궈진 버스

구름에서 발사된 빗방울 탄환이
잘 달궈진 버스 천장 위에서
눅눅한 팝콘이 되어
우울하게 곤두박질친다

우주 시대
-엄마

폭설로 푹푹 들어가는 눈길을 밟고 돌아온 나는 곰삭은 세월의 맛인 곰탕을 먹고 싶었어. 둘이 먹다가 하나 죽어도 모른다며 입안에서 스르르 녹아버린다는 한우 몇 점 둥둥 떠 있는 곰탕이 어른거렸지.

"내일은 먹을 수 있을 거야."
엄마 목소리는 경쾌했어

얼리어답터로 변신한 엄마는 손가락으로 무엇이든 할 수 있다. 서너 번 꾹꾹 눌러 보글보글 곰탕도 만들어낸다. 보너스로 겨울도 들어 있다

인간은 적응의 동물
우려는 기대로
기대는 이제
기다림으로

완도 어디쯤에서 자맥질에 익숙했던 엄마의 입에는 한 움큼의 미역이 물려 있고, 여행 설계사가 꿈이었던 엄마는 수

많은 캐리어 가방으로 미소 짓더니 오늘도 우주인과 교신하고 있었다

갯벌

물이 빠지기 시작할 무렵
갈길 잃은 칠게는 바쁘다

냄새부터 가벼운 바닷바람 맞으며
차라리 추억이 없었으면

생각이 많아지는 날

밤새 모습을 드러내지 않던 해초들
기지개를 켜자
칠게의 분주한 발걸음
굴을 쪼아대는 아낙네
갯벌로 간다

바구니가 무거워질수록 가벼워지는 것
갯벌은 비로소 바다로 간다

5부
세한도를 읽다

세한도歲寒圖로 가는 길

길 위에 서다

지상으로 향하는 바람
날아가는 한순간의 바람이어도 좋아

그럴 줄 알면서
집착하고 욕망하고
그리워 터덜터덜

차마 너에게 다가서지 못하고
문밖에서 서성거리다
거울에 비친
부끄러운 자화상

우물은 속마음까지 비춰
바라보는 달빛에게 부끄러웠지
비춰주는 하얀 눈빛에조차 부끄러웠지

그럴 줄 알면서
비우고 비우지만

또 그리워하며 터덜터덜

오래도록
길 위에 남다

바람

바람 불어온다
육지에서 불어온 바람은
잣나무를 짓누르는 눈조차 가볍게 날려버리고
뻥 뚫린 토굴로 들어간다

토굴 속 휘몰아치는 바람
면벽한 피골상접 선비의
강마른 손길을 스친다

겨울 냉기마저 반가운
응어리진 외로움
여름 바람처럼 가슴 뻥 뚫어주어
선비는 좋은데

선비와만 놀아주던 바람은
늙수그레한 소나무 끝자락에서

너울너울 꽃을 피운다

토굴 속 상상

하늘과 땅 나무 토굴까지도 닮아 있다

여윌 대로 여위어 맞닿을 듯한 두 볼
열리지 않을 듯한 입
뼈대만 남은 몸뚱이에도 의관 정제하고
벽을 뚫을 듯한 눈과 오뚝한 코

괘씸한 추위란 놈
어디 내년 봄에 두고 보자던 딸깍발이 정신*으로
꼿꼿하게 허리 세운
토굴 속 완당** 선생

제자가 구해준 서책
양식으로 삼아 읽고 또 읽고
육지의 치욕조차 잊고 또 잊고

그렇게 불도 없는 토굴에서
겨울을 견뎌내었더니라

*이희승의 '딸깍발이' 차용　**완당 : 추사 김정희의 다른 호

위리안치

겨울이어서 답답하지 않다

바람에 날리던 하얀 탱자꽃이 보이지 않아서 좋다

억센 가시에 가슴 찔리던 봄의 기억도 잊고
억센 향기에 가슴 설레던 여름 기억도 잊은

백설의 겨울

가시마저 감춰버린
백설의
그 겨울

가시 같은 것들
얼쩡거리지 않아

참 좋다

장무상망

꼭 그랬어야만 했어

장무상망長毋相忘

내가 있어 네가 존재한다

보이지 않는 거리만큼 절실하다
사제는 그렇게 서로의 영혼이 되어
세차고 거친 풍랑만큼 절실하다

오래도록 서로 잊지 말자

네가 있어 내가 존재한다

꼭 그랬어야만 했다

송백지 후조

헤쳐모여 궁리 중이다
선택이야 본인들 몫이라지만
선거 때만 되면 아침 뉴스 들리는 것이 두렵다

친구 하기로 했으면 한 백년은 가야지

도래지에서 새끼 낳고
먼 여행 위해 영양 보충도 하고
월동 위해 옮겨야 하는 철새

겨울을 나기 위해 V자로 날아
뒤에 오는 무리를 위해 상승기류를 만드는 기러기

함께 해야 더 먼 거리를 난다는 것을
아는 기러기의 본능

그러나 철새는
기러기는 저 혼자 살자고 경로를 벗어나지 않는다

분명히 알아야 한다

떠나지 않고 견뎌내는
토종 철새도 굳건히 존재한다는 것

이것이
먼 시대를 나는 나침반이라는 것

여백

텅 비어 있다

단색조의 수묵
마른 붓질과 필획의 감각
긴 화면에는 집 한 채
좌우로 소나무와 잣나무의 대칭

자세히 보면
삐뚤빼뚤 한둘이 아니다
곧게 뻗은 잣나무로 알았는데
뿔나고 신산스런 도깨비

자꾸만 낮아지는 속마음을
낮은 토굴에 비웠는데

담아 놓은 속살

그렇게 속마음을 다 드러냈는데

아,

여백이라니
백설이라니

텅 비워 놓았다니
텅 비워 놓았다니

물들이다

준비하고 이제 시작해요
싱싱하고 예쁜 꽃잎과 깨끗하고 여린 잎
조금 소금 아주 조금 소금
적당히 백반 뿌려
짱짱 찧어주세요

자박자박 물기가 생기며
빨강 초록의 조화

자잘하게 자른 비닐보다는
널려있는 콩잎을 따다 손질해놓고

조물조물 주물러 손톱 위에 올린 후
실로 꼭꼭 묶어요
꽃물이 흠뻑 스며들 때까지
꼭 하룻밤만큼의
낭만이 필요해요

짓이겨져 살아온
이상과 현실의 부조화 속에서

대책 없는 뒤죽박죽

자잘하게 잘려진 비닐처럼 이리저리 흔들리며
널려있는 콩잎처럼 투박하게 살아왔더라도
둥그렇게
어깨 겯고

순백의 소나타

토방에 차려진 신방

한 숨 한 숨
터지는
부드러운 공명음

마음의 울림으로 듣는
통 통 통

숨 쉴 수 없는 고요

절정의 순간

정지의 순간마다 터지는
침묵의
카타르시스

통 통 통

흰옷 입은 사람들이

연주하는

순백의 소나타

사진 찍기

1. 거리를 두면

가까워도 멀어도
정체가 드러나지 않는

꼭꼭 숨어라
어디어디 숨었나

속 숨마저 죽여 가며

보일 듯이
보이지 않는

만남은 간절합니다

나를 놓아야만
보이는
순간의 황홀함

그와 만나는 손끝은
떨림입니다

2. 욕심을 버리면

이른 장맛비에
꽃 자줏빛으로 변신하는 수국이
뷰파인더로 들어온다

넋을 잃고 바라보는 화관
원무를 그리는 꿀벌들의 향연

얼짱 각도로
꿀벌과 수국의 대칭점 끝에
펼쳐진 파란 하늘

씨줄 날줄 거미줄에 맺혀 있는
방울방울마다 매달린 수국이 탐스럽다

3. 나를 낮추면

나를 낮추어야 비로소 높아지는 그

연륜과 동행중인 그는
앵글 속 폭발이다.

사람을 귀하게 여겨야 한다는
말씀을 잊고 산 도시 생활

아등바등했던 나에게 보내는
작은 위로
찰칵

숨은 퍼즐 맞추기 위해
가슴속으로 울려오는 셔터
찰칵

하현으로 가는 달

옹골찬 나주 배 한 알
눈동자에 담아
걸어놓았는데

누가 싹둑 베어 물었나
반쯤 사라져버렸네

한눈파는 사이
어슬렁거리던 길고양이는
속도 모른 채
입맛 다시며 야금야금

아쉬운 마음에
선녀의 눈썹 위에 올려두었더니

바보같이
은하 바다에
흘려버렸네

B급 감성
-장록습지 당산나무 아래서

순자는 얼굴이 크고 넓적해서
부잣집 며느리 같다고
동네 어르신들이 이뻐라 했는데

항공모함만큼 큰 배를 앞세우고 다녔던
달식이는 넉넉하지 않은 집안에
먹을 탐이 세긴 했지만
다들 사장 틀이라 했지

나는
서구의 거식증 모델 같은
삐쩍 마른 사람보다는
달덩이 순자가 좋고
사장은커녕 만년 주임으로 강퇴당했는데도
무에 그리 좋은지 소싯적 무용담으로
게거품 뿜어대는 넉살 좋은 달식이 허풍이 좋다

장록습지 당산나무 아래서
찌그러진 양은 주전자

막걸리 한 되박 받아 놓고
황룡강 너머 수박 서리 얘기에 자지러지다가도
먼저 가버린 코찔찌리 방앗간 종일이 말만 나오면
눈물샘을 훔치며
울려고 내가 왔던가를
불러제끼는 맛

이제는 듬성듬성해진 머리칼 사이로
박 터져 남겨진 흉터 자국 훈장 달고
깔깔거리는 친구들이 참 좋다

풀벌레

세상일에 젬병인 나를
숲으로 이끄는 처절한 절규
스르르 정신 놓고
세상과는 상관없는 사람처럼
푹 곯아떨어졌는데

네가 오기를 기다리고 있었노라고
너에게 가고 있었노라고

반갑다고 속삭이는 듯
왜 이제 왔냐 원망하는 듯
갈증을 채워주는
새벽 마중물

미안한 마음에
조심스럽게 옮기는 걸음걸음
발걸음 지휘에 맞춘
긴소리 짧은소리

귀에 쟁쟁 담아보니

새로운 빛으로 열리는
밝은 빛 세상 소리

새벽 별

어스름 올라올 때부터

봄 지나 여름
여름 지나
여태까지

수천수만 년
온 힘 다해 반짝이는데

하, 그걸 몰라주네

이제 기력이 쇠잔해지고
기억도 가물가물

저 멀리서
여명까지 날아오는데

그리움조차
사라져버릴 것 같은 조급함으로

힘 추슬러 반짝이는데

하, 그걸 몰라주네

숲바다

피아노가 놓여 있는
회색 바다의 맑은 선율

예민하고 섬세한
연주자들은

지나치게 내성적이고
소극적이어서

모두 잠들어 있는 새벽
이슬 맺힌 바다가 다 말라버릴 시간까지만
썰물을 밀어내고 있다

지휘자는
파도 위에 올라서는데

밀려가는 파도
잇따라 밀려오는 파도는

귀속으로 파고들어

손끝에 머물다가
견우직녀와 은하강으로 흘러간다

야학 일지

1
낮은 목울음들이 간간이 흩뿌려
작아지는 너의 눈을 넘고
가느다란 허리를 스칠 때마다
사그러드는 꿈의 긴
여름밤.
어둠 속에서도 흩어지지 않던 가슴들로
우우우 모가지 떨어지던 잡초랑 들꽃들을 어루만지며
광주 한 모퉁이에서 별을 심는다.

2
햇살은 밤이면 모두 헤어지고
서편으로 기울어 있던 별빛이 솟아오릅니다.

졸업장 아닌 수료증을 받으면서도
밤에 하는 졸업식이 어디 있느냐며
되물어 보지 못하고 기어만 들어가는
너희들의 음성들.
밤보다 얇은 수료증을 받으며
눈물 박힌 낮은 생애의 종지부를 고하는

수료증을 받으면서도
나의 졸업식은 동생의 졸업식보다 훨씬
운치 있어
영원히 잊지 못할 거란
울먹이는 너희들의 좁은 등을 바라보며
우리는 시대를 욕하지 못했고
시대에 뒤진 낡은 졸업식 노래 한 소절을
구성지게 뽑아내지 못했다.

좁은 창문 사이로 짙게 드리운 별빛이 무척이나 밝다.

3
가장 아름다운 꿈은 젖은 눈자위에
붉혀 웁니다.

경작법

1.

제대를 하고도 하는 일이 생기지 않아
어린 시절의 동심을 사려고 경작지엘 갔었지
몸에 밴 군대식 명령이 사라져
입언저리며 턱 주변
심지어 치기 어린 귀밑머리까지 무성하게 자란
스무 실적 수염을 매만지며
신기하게도 빈 대궁을 밀어낸 벼 이삭을 바라보았지
논바닥 전체가 뻘밭 같은 무논에서 가슴팍까지
미끈하게 솟아오른
아버지의 근성에 기막히게 감탄하곤 했지

2.
견딜 수 없는 공복의 모세혈관으로 침투해오는
내 수염의 뿌리들이 나를 압도해
치기 어린 수염의 뿌리에 밀려난 새벽 공복이
내 뿌리들과 대화를 해

벼의 뿌리들은 평년작을 상회하는

안도의 아버지 경작법보다
풍년을 위한 다수확의 경작법을 전해왔어

내 공복은
동심의 살갗에 늘상 생채기를 만들었던 딱딱한 수염의 이삭보다도
훨씬 아름답고 부드러운 뿌리에 마음을 주었지

이삭을 땅에 꽂고 뿌리를 캐내어
당당한 햇빛으로
아니 내 동심의 공복은
뿌리를 위해 논 전체를 거꾸로 뒤집을 수도 있었어
뿌리를 위해 이삭을 하루종일 물구나무 세울 수도

3.
꿈을 꾸었어
뿌리로만 실려 가는 근성 다른 추수기
내 아버지
내 아버지의 아버지의 평생이라 말하는 긴 시간의 생애가
한 무더기 소리로 보이기도 했으며, 바람으로

땀으로 뒤범벅 되어버린
아버지의 경작지에서
하루라도 마음껏 울어볼 수 있도록 평생의 줄기는
뿌리를 위해 바꾸어도 더러는
더러는 좋으리라고.

상선약수·만남

길 위에서
우연히
만나다

아,
수 천 년 전부터
이어온

선녀들의
속살을
잇다

사려니 숲길

한라산 중산간
사려니 숲길

삼나무와
친구 되다

인생을 추억하며
도란도란
함께 걷는
사려니 숲길

감춰둔
비밀을 속삭이다

방금 사귄 친구가

맑은 바람
한 움큼 안겨 주었다.

한라산 중산간 사려니 숲길

자작나무 연가

적막 감도는
산사

적삼 자락 높이 쳐들었던
한바탕 바라춤사위*
잦아들고

달빛 스며든 눈동자
너울거리는 고요

쑥대머리 귀신 형용
보고지고 보고지고

바람의 흔적 남은
가슴 안고

하늘에 올리는
소지 공양

계동 바다, 봄날 오후

사람들이 썰물처럼 빠져나가니
북적거리던 계동 바다
봄날 오후 햇살에 실시간 점령당한다

바닷가 횟집 사람들이 던져준
고기 몇 점으로 배 채운 고양이 녀석
졸음에 겨운 듯 눈 뜨지 못하고
평상 밑에서
가쁜 숨 씩씩거린다

몽돌 틈새로 밀려와
어슬렁거리던 포말泡沫
햇살과 눈 맞아 재재거리는데

중년을 지난 부부는
한적한 바닷가에서
물수제비를 뜨고 있다

슈슈슉 빠르게 물을 건너지 못하고

풍덩 빠져버리는 물수제비

"바보! 얇은 돌로 떠야지"

추억을 소환하는 깔깔거리는 부부
노란 웃음이 유채꽃으로 피어오르는
계동 바다의 오후

■해설

사물을 빌어 세계의 비밀을 파헤치다

박 몽 구
(시인·문학평론가)

최근 들어 우리 시에 일고 있는 두드러진 움직임 가운데 하나는 시의 본령으로 돌아가자는 것이다. 다국적 자본주의의 횡행에 따라 계층 간의 모순이 더욱 확대 심화되어 가는 현실을 시적 모티브로 삼은 시들이 여전히 적지 않다. 그런 가운데서도 새로운 세대들이 속속 시의 독자로 편입됨에 따라 그에 걸맞는 다양한 시적 방법론이 모색되고 있다. 독자들에게 부드럽게 다가갈 수 있도록 순화된 정서를 바탕으로 한 서정시를 쓰는 시인들이 늘어가고 있고, 몇몇 시인들 사이에서는 극서정시라고 하여 긴 시행들을 버리고 짧고 강렬한 정서를 담은 시들이 즐겨 창작되기도 하였다. 다른 한편으로 밀레니엄 들어 한때 대두되던 이른바 미래파를 넘어서 극도로 파편적이고 즉물적인 묘사 위주의 시들이 젊은 시인들 사이에서 대거 창작되기도 한다.

이 가운데서도 목소리가 두드러지거나 생경하기까지 한 시들이 퇴조하면서 독자들에게 좀더 친근하게 다가가려는 서정시의 대두에 주목해 본다. 삶 주변의 일상사와 사계를 분별하게 해주는 자연을 시 속에 끌어들임으로써 갈수록 줄어드는 시의 독자를 회복하는 데 도움이 될 것으로 보이기 때문이다. 한 가지 주목할 것은 시의 독자층을 두텁게 해줄 것이라는 기대와 함께 서정시의 본질을 무시해서는 안 된다는 목소리에도 주목할 필요가 있다. 서정시는 자칫 부드러운 정서, 나무와 꽃 등의 소재로 독자의 마음을 사로잡을 수 있다는 방법론에 매료되기 쉽다. 하지만 서정시의 본령을 살펴보면 산업혁명기에 이르러 시민의 권리가 부각되면서, 왕과 귀족 등 소수를 찬미하던 데서 벗어나 일하는 농부며 서민들의 삶과 희망을 즐겨 다루는 것이 서정시의 출발점이라는 사실을 망각해서는 안된다.

이성환의 시들은 우리 시대 서민들의 일상사를 즐겨 다루고, 나무와 꽃 등 자연 소재가 두드러진다는 면에서 서정시 계열에 든다고 볼 수 있다. 하지만 그는 단순히 시적 방법론의 일환으로 그 같은 것들을 동원한다기보다, 왜곡된 현실을 마땅히 바로잡아야 한다는 의식이 그 저변에 깊게 배어 있다는 데서 그만의 입지를 찾아볼 수 있다. 그가 즐겨 다루는 일상사는 있는 그대로 좋은 대상이라기보다, 뭔가 바로잡아서 제자리에 돌려놓아야 할 것들이고 그의 시 속의 꽃과 나무는 시적 장치가 아닌 시적 퍼소나가 거느리고 살아가는 일상의 동반자로 각인되고 있다. 그런 점에서 이성환은 그의 시적 입지를 다져가고 있는 시인이다.

원근법으로 가늠이 되지 않는 무등산정의 눈
눈이 펑펑 쏟아진다

살려고 이리저리 뛰어다니는 눈들이
내 삶의 언저리쯤과 닮았다

마음속 깊이 꾹꾹 눌러 놓았던
펼치기 싫은 그때

봄꽃이 피기에는 이른데
입춘방을 붙인단다

악으로 깡으로 버티며
맞이했던 그 봄

이젠 열어봐야 하나

-「판도라의 상자」 전문

시인이 뿌리내려 살고 있는 땅을 제재로 한 시이다. '무등산정', 펑펑 쏟아지는 '눈', '봄꽃', '입춘방' 등의 시어들이 걸리는 대목이라곤 없이 독자의 가슴 깊이 스며드는 작품이다. 하지만 꼼꼼히 읽어보면 겉으로 심상한 소재 안에 간직된 의미들이 새록새록 우러나는 것을 살펴볼 수 있다. 화자는 첫 대목에 '원근법으로 가늠이 되지 않는 무등산정의 눈'이라는 이미지를 배치함으로써, 계절에 어긋나게 차가운 눈을 뒤집어쓴 눈을 통해 무등 아래 사람살이가 힘들다는 사유를 내면화하고 있다. 이어지는 연에서는 '살려고 이리저리 뛰어다니는 눈들이/ 내 삶의 언저리쯤과 닮았다'는 알레고리를 제시함으로써, 눈을 자연물이 아닌 봄을 맞기 위해 동분서주하는 사람 대신 환치해 놓고 있음을 살펴볼 수 있다. '마음속 깊이 꾹꾹 눌러 놓았'다든가 '봄꽃이 피기에는 이른데/ 입춘방을 붙인단다' 하는 대목들은 무등의 발부리에 모여 사는 사람들이 온몸으로 봄을 앞당기기 위해 발분했는가 하는 정황을 환기한다. 화자는 '악으로 깡으로 버티며/ 맞이했던 그 봄// 이젠 열어봐야 하나'라고 배치함으로써 거대한 절벽, 차가운 무기와 맞서서 온몸으로 삼천리에 봄을 배달하고자 애썼는지 아느냐고 독자들에게 되묻고 있다. 무등을 뒤덮고 있는 눈이 다 녹은 뒤에 봄이 오는 것이 아니라 사람 사이의 체온으로 앞당겨야 한다는 사유를 펼치고 있다.

무등을 통해 정신의 지향점을 밝히다

이 시에서 보듯이 이성환의 사유 한가운데에는 '무등'이라는 시어가 넉넉하게 자리 잡고 있다. 무등은 단순히 산 이름이나 지명이 아닌, 인간다움이 따스하게 펼쳐지는 세상, 치별 없는 대동세상이라는 의미로 확장되어 가는 것을 살펴볼 수 있다.

이리저리 눈길 보내는 청설모의 바쁜 비행
계곡물에 반사된 도토리
생면부지의 초면이지만
오랜만에 동행하는 아내의 손
할 말 많은 모녀의 미주알고주알 다 받아 준다

바라만 봐도 좋을 젊은 연인들의 미소엔
한쪽 눈 찡긋
오솔길 사이로 난 들꽃을 간지럽힌다

두문불출하던 친구
넓은 품으로 안아주고 있는데
식전 댓바람 떠오르는 해
속상한 마음 덥혀주고 있다

무등산에서는
누구나 한번은 다정한 이웃이 된다

일터에서 상사 눈치 보느라
쉬지 않고 일하느라
어깨 축 처진 가장
잘했다 잘했다 다독여 준다

-「무등산」 부분

물기 빠진 붓질이 뻑뻑하고 거칠다

쓱쓱 그려내는
화가의 손길이 메마르고
을씨년스런 바람 소리만 그려지는
잿빛 오후

강마른 겨울나무에 맺힌 상고대

표정도 없고
핏기도 없이

아,
텅 빈 하늘

바람의 아들로
수천 년
이 악물고 버티다

-「입석대」 전문

무등산을 시적 공간으로 한 두 편의 시들이다. 팍팍한 땅을 삶의 터전으로 살아온 사람들의 삶이 힘들고 봄은 늘 더디오지만 무등이 넉 넉넉한 품을 내어주고 절기보다 늘 늦게 와서 차갑게 몰아치는 꽃샘추위를 견디게 해주는 무등의 미덕을 짚고 있다. '생면부지 초면이지만 오랜만에 동행하는/ 할 말 많은 모녀의 미주알고주알 다 받아' 주고, '두문불출하던 친구/ 넓은 품으로 안아주고/ … /속상한 마음 덥혀주고', '어깨 축 처진 가장/ 잘했다 잘했다 다독여' 주는 미덕을 무등산에게 읽는다는 것은 그 같은 마음가짐을 대신한다.

입석대는 무등산 중턱에 서서 정상으로 가는 길을 일러주는 바위이다. 화자는 이를 가리켜 '물기 빠진 붓질이 뻑뻑하고 거칠다// 쓱쓱 그려내는/ 화가의 손길이 메마르고/ 을씨년스런 바람 소리만 그려지는/ 잿빛 오후'라고 그려내고 있다. 이를 통해 인간다운 삶을 구현해가는 길이 만만치 않다는 사유를 내비치고 있다. 나아가 '텅 빈 하늘// 바람의 아들로/ 수천 년/ 이 악물고 버티다'라고 언술함으로써, '입석立石'을 환유로 하여, 무등 아래 사람들이 오랜 시간 인고의 시간을 견디며 사람다운 세상이 펼쳐지기를 고대하고 있음을 힘주어 말하고 있다.

이성환은 무등을 소재로 한 일련의 시들은 통해 오늘 이 땅에서 펼쳐지고 있는 민초들의 삶은 강파르고 넘기 어려운 고빗길을 다반사로 만나지만 끝내 이기고 만다는 희망을 노래하고 있는 셈이다. 무등은 때로는 넘기 어려운 거봉이기도 하지만 넓은 등으로 찬바람을 막아주고 따뜻한 나라로 데려다주는 아버지와 같은 존재임을 환기하고 있다. 그는 제아무리 꽃샘추위가 절기를 틀어막고 있어도 봄이 오고 말 듯, 땅의 사람들이 함께 힘을 모아 인간다운 세상을 열고 말리라는 확신을 시 속에 담아내고 있다.

동병상련으로 아픔 이겨낸 가족사

이번 시집에서 이성환이 펼쳐 보이고 있는 주된 관심사 가운데 하나는 어려운 시대의 파도를 함께 이기며 건너온 가족사이다. 그의 태생지인 송정리가 도청 소재지인 광주의 변방으로, 신난을 감내하며 살아온 사람들의 터전이었듯 시인의 일가 역시 온몸으로 어려움을 이겨내며 살아온 듯하다. 시인은 그것을 부끄럽게 여기지 않으며 밝은 내일을 펼쳐가기 위한 밑거름으로 받아들이는 마음을 시 속에 녹여내고 있다.

겨울 끄트머리에
흰 눈이 내립니다

마을 어귀 구석진 흙담
돌아가는 길에서
홍매화를 마주칩니다.

몇 해 전부터 이 골목을 돌고
또 돌았는데도
오늘에야 눈에 들어왔습니다

언제였던가
홍매화 붉게 필 이맘때였으리라

금단의 강을 건너간
당신

달빛 가득한 봄밤

지상으로부터
하늘
하늘
내려왔던

내 영혼의
붉은 서설

-「봄밤을 걷다」 전문

화자는 위의 시 첫 대목에 '겨울 끄트머리에/ 흰 눈이 내립니다'와 '마을 어귀 구석진 흙담/ 돌아가는 길에서/ 홍매화를 마주칩니다'라는 두 개의 알레고리를 제시하고 있다. '겨울 끄트머리'와 '홍매화'를 환유의 고리로 연결해 놓고 있는 셈이다. 이를 통해 차가운 눈이 내리는 겨울을 온몸을 빨갛게 달군 홍매화가 마침내 끊어내고 따스한 봄을 견인해 낸다는 사유를 펼치고 있다. 홍매화는 그렇게 온몸을 태워 봄을 앞당겨 놓고 정작 봄날에는 우수수 지고 만다. 화자는 시의 전개 부분에 '홍매화 붉게 필 이맘때였으리라// 금단의 강을 건너간/ 당신// 달빛 가득한 봄밤'이라는 구절을 배치함으로써, 눈보라를 이기며 봄을 앞당긴 홍매화와 온갖 신남을 마다않으며 자식에게 따스한 봄남을 선사한 아버지의 삶을 환기하고 있다. 결구 부분에 '지상으로부터/ 하늘/ 하늘/ 내려왔던// 내 영혼의/ 붉은 서설'이라는 구절을 배치함으로써, 오늘 누리는 삶의 뿌리는 차가움을 마다하지 않고 눈길을 걸어 어린 아들에게 따스한 봄날을 안긴 아버지 덕분이라고 고백하고 있다.

아버지 몸에 십수 년을 머물렀던 바이러스들
방안은 항상 퀘퀘하였다

아버지는
전쟁의 파편들이 다리로 파고들었다고 했다
평생을 악머구리처럼 따라붙어 떨어지지 않는다고 했다

우리 남매의 어린 날 기억 속에는
삭신이 꾹꾹 쑤신다는 아버지의 허벅지가 있다

번갈아 짓누르는 무게에도
떨어지지 않았던 고통은 늘 방안에서 서성였다

추운 겨울 아버지와 한 방의 동행

모 싹 푸르게 올라올 무렵
삿자리를 걷어내었다
아버지와의 동행한 퀴퀴한 기억들이
한꺼번에 사라졌다

-「동행」 전문

당신만 보이지 않는 저녁

아무것도 먹지 않은 배에서는
어제처럼 꼬르륵거리고
어김없이 나타나는 요기尿氣

죽은 사람만 불쌍하다는
이승의 말이 생각나
피식 허탈한 웃음이 났습니다

산 사람은 어떻게든 살아간다고 합니다

김치찌개 하나 끓여 놓고 빙 둘러앉았는데
목울대에 걸려버린 울음 대신
식도를 타고 죽 내려가는
나의 식욕

산 사람은 어떻게든 살아간다고 하는 이곳은
이승이랍니다

-「초혼의 밤 1」 전문

화자의 아버지를 둘러싼 두 상황을 담은 두 편의 시를 골라 보았다. 시 속에 녹아든 드라마를 통해 아버지는 '전쟁의 파편들이 다리로 파고들(어)/ 평생을 악머구리처럼 따라붙어 떨어지지 않(았고)// 남매의 어린 날 기억 속에/ 삭신이 꾹꾹 쑤신다는 아버지의 허벅지가 있'는 것으로 제시되어 있다. 화자의 부친은 아마도 6·25 한국전쟁에 참여하였다 부상을 입고 그 상처를 오래 앓아온 것 같다. 그것은 겉으로 '몸에 십수 년을 머물렀던 바이러스', 방안을 감도는 '퀘퀘(한 냄새)'로 표상된다. 어린 시절 그것은 기피의 대상이었을 것이지만, 오늘의 시점에서 화자는 그것들이 자신을 키운 힘이라는 것을 자각하게 된다. '동행'은 역사의 상흔을 간직하고 살아온 아버지와 함께 걸어가겠다는 의지의 표현일 것이다. 그것은 '모 싹 푸르게 올라올 무렵/ 삿자리를 걷어내(자)/아버지와의 동행한 퀴퀴한 기억들이/ 한꺼번에 사라졌다'는 알레고리로 제시되고 있다. 모가 푸르게 올라온다는 것은 아버지가 마다하지 않고 묵묵히 견딘 상처가 자식들에게 파릇한 희망의 싹으로 피어났다는 말이다.

뒤의 시를 통해 유추해볼 때 역사가 안긴 상처를 앓던 아버지는 힘든 시간을 내려놓고 영면에 든 것 같다. 화자는 첫 대목에 '당신만 보이지 않는 저녁// 아무것도 먹지 않은 배에서는/ 어제처럼 꼬르륵거리고/ 어김없이 나타나는 요기尿氣'라는 구절을 배치함으로써, 자신의 모든 것을 던져 키워주신 아버지의 부재에도 불구하고 배가 고프고 참기 어려운 요기에 시달리는 등 생리적인 삶에 쫓기는 자식의 몰염

치한 모습을 그린다. 이어서 아마도 기일을 맞이하여 두러앉은 모습을 '김치찌개 하나 끓여 놓고 빙 둘러앉았는데/ 목울대에 걸려버린 울음 대신/ 식도를 타고 죽 내려가는/ 나의 식욕'이라는 대구對句를 배치함으로써, 자신의 오늘이 아버지의 희생 위에 서있다는 자각을 담아낸다. 나아가 개인사를 넘어 앞선 세대들의 대가를 바라지 않는 희생을 딛고 오늘의 우리가 바로 서있게 되었다는 인식을 제유提喩 형식을 빌어 독자들과 공유하고 있음을 살펴볼 수 있다.

자연에서 삶의 비의를 읽다

이성환은 무질서한 세상을 눈앞에 마주한다 하여도 큰 소리로 질타하거나 남의 눈에 두루 띄도록 거친 행동을 보이지 않는다. 그 대신 자신의 심안으로 꼼꼼히 들여다본 자연의 질서를 빌어 자신의 내면을 표백하는 방법을 취하고 있다. 그의 시에는 꽃과 나무 등 자연에서 건진 소재들이 곧잘 등장하지만, 그것들은 단순히 부드러운 정서를 조성하는 데서 나아가 시인의 내면을 곡진하게 표백해 내는 역할을 충실하게 해내고 있다.

서녘 햇살 길게 뻗치는
담장 위 넝쿨장미 향기 맡으며
퍼드득거리던
날갯짓

점
점

탈피되어
말려 들어가는

나비의 꿈

-「나비의 꿈」 전문

나비의 탈바꿈을 제재로 한 짧은 형식의 시이다. 나비는 애벌레에서 한 마리의 아름다운 나비가 되기까지 알, 애벌레, 번데기, 성충의 단계를 거치며 생활합니다. 무려 11개월 넘게 변신을 거듭하게 어렵게 우화羽化한 나비라 하여도 기껏해야 14일에서 20일 정도를 살다가 죽는다고 한다. 위의 시는 그런 나비의 생태를 제대로 한 시이다. '담장 위 넝쿨장미 향기 맡으며/ 퍼드득거리(며)/ 날갯짓'을 하는 나비는 우화하여 멋지게 살아간다. 하지만 화자는 화려한 나비의 자태에 주목하기보다 '점/ 점// 탈피되어/ 말려 들어가'다 알과 애벌레로 변신해 가는 과정에 주목하고 있다. 이것은 나비를 환유로 하여 화려한 겉보기를 누리는 데 급급하기보다 탈피를 위한 긴 과정을 참고 견딜 때 사람살이도 빛을 발할 수 있다고 말하고 있는 셈이다.

이는 『장자莊子』 내편 중 두 번째 장인 「제물론齊物論」에

나오는 호접몽胡蝶夢을 연상시키기도 한다. 호접몽은 잠자고 있는 장자의 오감을 왜곡해 날개를 달고 '활기차게 날아다니는' 나비로 자신을 인식하게 한 것이다. 양쪽에는 아름다운 나비 날개가 펄럭이고, 얼굴 앞으로는 꿀을 빨 대롱이 말려져 있으며, 날갯짓을 하는 대로 자유롭게 펄럭이면서 세상을 본다. 자신을 나비로 생각할 수밖에 없다. 그러나 이 모든 것은 장자라는 본체(本體: substance)가 아닌, 그의 꿈이 왜곡하고 지어낸 허상이었다.

위의 시에서도 우화하여 짧을 생애를 살다가는 나비를 통해 화려한 것에 집착하기 쉬운 세속의 사람살이에 대해 경구警句를 던지면서, 우화하기 전 긴 시간을 소중하게 여겨야 한다는 메시지를 던지고 있다고 볼 수 있다.

온 세상이 잿빛인데
실상사 앞마당은
풀꽃 천지다

소외가 판을 치는 요즘 세상에서
오롯한 생명 대접받으며
햇살에 반짝이는 풀꽃들의 미소

태어날 때부터 멸시와 차별
스르르 녹아버린 조선의 노비처럼
생명 취급 못 받던

그대는 이름 없는 백성초
(중략)
따가운 햇살에는
빳빳하게 고개 들었다가
세찬 바람 슬쩍 받아넘기는 여유

존재하는 것만으로 존중받는
평등의 우주

실상사의 풀꽃밭은
서방정토 극락이다

-「실상사 풀꽃밭」 전문

위의 시에서도 화자는 때깔이 화려한 꽃 아닌 실상사 앞마당을 가득 채운 이름 없는 풀꽃들에 주목하고 있다. 화자는 '태어날 때부터 멸시와 차별/ 스르르 녹아버린 조선의 노비처럼/ 생명 취급 못 받던/ 이름 없는 백성초'라는 알레고리를 제시하고 있다. 이를 통해 제대로 자랄 터전을 갖게 되면 푸르름을 마음껏 펼치는 풀꽃처럼, 사람다운 대접을 받으면 누구나 아름답고 당당한 생을 세울 수 있다는 사유를 펼치고 있다. '따가운 햇살에는/ 빳빳하게 고개 들었다가/ 세찬 바람 슬쩍 받아넘기는 여유'로 거친 세파를 헤쳐간다면 요즈음처럼 차별이 만연된 세상을 얼마든지 서방정토로 바꿔갈 수 있다고 말하고 있다.

그 같은 사유는 '굴을 쪼아대는 아낙네/ 갯벌로 간다// 바구니가 무거워질수록 가벼워지는 것/ 갯벌은 비로소 바다로 간다'(「갯벌」), '온 들을 찾아다니며/ 온 산을 찾아다니며/ 꿀을 빨아 먹는 달콤함이/ 나를 맡기는 이유입니다// 우리 함께라면/ 청산도 외롭지 않겠지요'(「나비야 청산 가자」) 등의 여러 시편에 골고루 스며 있다.

일상사를 시의 공간으로 끌어들이다

이성환의 이번 시집에서 또 하나 주목이 가는 것은 그대로 지나치기 쉬운 소소한 일상사를 시의 공간으로 끌어들이고 있다는 점이다. 하루가 멀다고 대형 뉴스거리가 쏟아지고 있는 세상이지만, 그의 시에서는 큰 사회적 쟁점이나 시사 뉴스가 시의 전면에 부상하는 일은 없다. 오히려 우리 시대 시민들이면 누구나 겪었을 법한 소소한 일들이 시의 내부에 넉넉하게 자리를 차지하고 있기 일쑤이다. 그런데 시인은 그것들을 사소한 것으로 그치게 하지 않고, 애정 어린 눈으로 들여다봄으로써 우리가 미처 깨닫지 못한 삶의 비의를 굵직하게 견인해 내고 있다는 점이다.

> 수없이 반복하다 결정장애라는 말을 들었었지. 홈쇼핑 호스트의 달달한 말이 귀에 꽂혀 질러버린 영어 회화 CD. 주문한 순간부터 후회했지만 환불받지도 못한 채, 사라져가는 삼십 대의 꿈은 공기 빠진 풍선 인형이 되어 푸르르르 이리저리 흔들리다

주저앉아 버린 집착의 유물.

문간방이라 엄마 몰래 가져오기 편했던 수북한 소주병, 부푼 꿈으로 시작한 대학 새내기를 생각나게 하는 행정학 개론. 돌이켜 보면 오글거리고 유치하지만, 절친을 잃을까 말 한마디 못한 채 간직한 짝사랑 연서들. 한 두벌이면 충분했는데 살 때마다 거울 못살게 했던 원피스와 투피스, 따라다니던 깔맞춤 양말.

참 많은 것들에 의지했었구나

늦게까지 비추는 햇살 바람 공기
나를 존재케 했던 모든 것에 감사하며

참 많은 것들에 의지했었구나

우주에서 유영하는 나의 소행성
안녕

나의 코스모스

-「나의 코스모스」 부분

가령 위에 든 시의 경우가 딸 들어맞는 예이다. 인터넷 시대의 개화와 함께 차고 넘치는 홈쇼핑 채널 앞에 앉은 쇼핑 중독자들의 삶을 실감나게 해주고 있기 때문이다. 채널마다 넘치는 상품의 홍수 속 무엇을 살까 망설이게 만드는 '결정장애'의 모습을 화자는 이렇게 묘사하고 있다. 즉, ' 홈쇼핑 호스트의 달달한 말이 귀에 꽂혀 질러버린 영어 회화 CD. 주문한 순간부터 후회했지만 환불받지도 못한 채, 사라져가는 삼십 대의 꿈은 공기 빠진 풍선 인형이 되어' 간다는 대목은 문 앞에 마구 던져지는 배달 제품이 홍수 속에서 흡인력 강한 자본의 노예로 전락해 가는 인간 군상과 잘 부합된다. 나아가 화자는 주체를 잃은 채 무언가에 의지한 채 변변한 직장도 없이 겉늙어가는 젊은이들의 모습을 '부푼 꿈으로 시작한 대학 새내기를 생각나게 하는 행정학 개론. 돌이켜보면 오글거리고 유치하지만, 절친을 잃을까 말 한마디 못한 채 간직한 짝사랑 연서들. 한 두벌이면 충분했는데 살 때마다 거울 못살게 했던 원피스와 투피스, 따라다니던 깔맞춤 양말'로 그려내고 있다. 그러면서 결구를 통해 방향을 잃은 채 '우주에서 유영하는 소행성'에서 신속하게 내려야 한다는 경구를 던지고 있다.

알량한 돈 몇 푼 번다고 이리 치이고 저리 치이다 코로나에도 치여 방구석 제1열에서 미어캣처럼 눈만 크게 뜨고 두리번두리번. 재난지원금으로 온 나라 들썩일 때 죽어도 받을 수 없다며 자존심 세우지만 생각만큼 일이 풀리지 않아 구멍 숭숭 뚫린 나의 이력들.

그게 언제였더라
촌스럽게 싸준다고 투덜투덜
던져두었던

서른 넘어서도 손이 가는 딸내미 햇반은 몸에 안 좋다고 현미 넣어 행여나 바람들라 비닐랩으로 꽁꽁 싸맨 어머니 표 냉동밥 비닐 랩 걷어내며 먹먹한 가슴 주먹으로 툭 툭. 혼기 놓친 딸 시집이나 가라며 서슬 퍼런 눈빛으로 쏘아대던 어머니의 냉동밥이 이렇게 따뜻할 줄이야

꾸역꾸역 목구멍에 밀어 넣는다

-「냉장고 파먹기 1」 부분

그런 점에서 「냉장고 파먹기」 연작도 흥미로운 시편이다. '코로나에도 치여 방구석 제1열에서 미어캣처럼 눈만 크게 뜨고 두리번두리번. 재난지원금으로 온 나라 들썩일 때 죽어도 받을 수 없다며 자존심 세우지만 생각만큼 일이 풀리지 않'는 인간 군상은 코로나19로 설자리를 급속도로 잃어가는 서민들의 초상이다. 나아가 '행여나 바람들라 비닐랩으로 꽁꽁 싸맨 어머니 표 냉동밥 비닐 랩 걷어내며' 꾸역꾸역 삼키는 화자의 모습은 개인을 넘어 우리 시대의 일그러진 자화상을 연상시킨다. 이를 통해 화자는 지금 필요한 것은 '재난 지원금'이 아니라 떳떳하게 제 힘으로 살아갈 수 있는 일자리 마련이어야 한다고 힘주어 말하고 있다.

이 같은 연장선상에서 '기약 없이 이어지는 작전명은 각자도생各自圖生입니다/ 제각기 살아나갈 방도를 꾀하라니 참 난감합니다. 따로 또 같이라는 말도 안 되는 말을 들으

며 어떻게 살아야 할지 헷갈리는 전시상황을 방불케 하는 작전명을 하달받은 대원들은 바쁘게 움직'(「냉장고 파먹기 2」)이는 대목은 날로 개인화 밀실화되어가면서 광장을 급속도로 빼앗기고 있는 우리 시대의 일그러진 모습을 날카롭게 파헤치고 있다.

대안이 없이 입만 둥둥 떠다니는 것으로 보이는 IPTV 시대의 풍경을 가리켜 '가문의 영광이었던 변호사가 소개되더니/ 흰색 가운이 잘 어울리는 의사도 한자리 차지했다/ 여기저기서 깐죽대던 연예부 기자까지 모여/ 앵커와 죽을 잘 쑤고 있다'(「죽비」)는 대목도 흥미롭다.

이른 장맛비에
꽃 자줏빛으로 변신하는 수국이
뷰파인더로 들어온다

넋을 잃고 바라보는 화관
원무를 그리는 꿀벌들의 향연

얼짱 각도로
꿀벌과 수국의 대칭점 끝에
펼쳐진 파란 하늘

씨줄 날줄 거미줄에 맺혀 있는
방울방울마다 매달린 수국이 탐스럽다

-「사진 찍기」 부분

이성환은 이번 시집에서 말하고자 하는 것들을 넌지시 함축하고 있는 시를 골라 보았다. '원무를 그리는 꿀벌들의 향연'처럼 서로 어울려 살면서, '얼짱 각도로/ 꿀벌과 수국의 대칭점 끝에/ 펼쳐진 파란 하늘'이 공 우리가 지향하고자 하는 세상은 아닐까. 사람이건 자연이건 제자리를 지키면서, 만났을 때는 대립이 아니라 꿀벌과 수국처럼 서로 이로움을 공유하는 세상이 될 때 미세먼지 깔끔하게 개인 하늘은 활짝 열리지 않을까 한다.

이제까지 이성환의 첫 시집이 구축하고 있는 시세계를 들여다보았다. 그는 목소리를 높이는 법이 없이 꽃과 나무를 빌어 세상이 바르게 굴러가는 이치를 시적으로 설파하고 있다. 읽는이들의 눈길을 자연스럽게 시 속으로 끌어들이면서도, 부드러운 정서의 조성을 넘어 세계를 제대로 보는 시각을 함께 부여하고 있다. 그런 점에서 음풍농월에 떨어지지 않으면서 시대상을 비판적으로 보고자 했던 서정시의 본령을 지키고 있다 하겠다.

다른 한편으로 거창하거나 화려한 소재를 내세우는 법 없이 소소한 일상사가 설 자리를 넉넉하게 마련하면서, 그 안에 숨은 비의를 슬며시 끌어내는 데 부심하고 있다. 그런 점에서 시의 현재성을 탄탄하게 닦고 있다고도 볼 수 있다.

이 같은 점들에 비추어 이성환의 시세계는 무수히 많은 시들이 횡행하는 가운데 분명하게 설 자리를 갖고 있다고 하겠다. 앞으로 좀더 사물의 내면을 깊게 파고들면서도, 다

양한 시적 사유를 보다 풍부하게 담아내는 데 한 걸음 내딛는다면 그의 시의 입지는 한층 넓어질 것이다. 그가 우리 시에서 의미 있는 일가를 이루기 바라며 조촐한 논의를 마친다.

바람을 필사하다

찍은날 2023년 1월 25일
펴낸날 2023년 2월 1일
지은이 이성환
펴낸이 박몽구
펴낸곳 도서출판 시와문화
주 소 13955 경기 안양시 동안구 경수대로883번길 33,
103동 204호(비산동, 꿈에그린아파트)
전 화 (031)452-4992
E-mail poetpak@naver.com
등록번호 제2007-000005호(2007년 2월 13일)
ISBN 978-89-94833-88-0(03810)

정 가 12,000원